Inhalt

5	Neuanfang
11	Klarheit
17	Arbeit mit Kindern
25	Wünsche
33	Lichtvilla Buntspecht
37	Vogelgezwitscher
43	Mein Weg
49	Die Acht
55	Querdenken
63	Natur und Umwelt
75	Familie
85	Einschulung
91	Zeit
99	Kinder begleiten im Hier und Jetzt
109	Kommunikation
117	Unsere Eiche
123	Enkelkinder
127	Heilung
141	Von der Saat zur Ernte
147	Zahlenwissen
153	Liebe
161	Dankbarkeit
167	Antrag an eine heile Welt

Widmung

"Einschulung" ist meinem (Sonnenschein) Enkel Noah gewidmet, der 2021 mit seiner Einschulung auch einen Neuanfang hatte.

"Von der Saat zur Ernte" ist meinem geliebten Mann gewidmet, der innerhalb kurzer Zeit 2021 seinen beruflichen Neuanfang wagte.

Neuanfang

Jeder Moment kann ein Neuanfang **sein** – ein Buch zu schreiben auch, es kann von „Altem" **befrei´n**.

Ich kann und darf doch in jedem Moment selbst **entscheiden** – möchte ich neu anfangen oder beim „Alten" **bleiben**.

Wir alle lassen uns doch auch im Wandel aller
4 **Jahreszeiten** von dem wertvollen Wissen
des Zyklus **leiten**.

Neuanfänge, sie sind einfach oft **da**. Ich
mache sie meist mit, ist doch **klar**.

Doch jetzt ist hier ein besonderer Wandel der
Zeit, viel Neues macht sich auf unserer Erde
breit.

Dieser Wandel ist von großer Bedeutung auch
für **mich** und sicher ist er es auch für **dich**.

Habe ein Buch geschrieben über viele
Themen, brauch mich dafür auch nicht
schämen.

Denn das Eine weiß ich – **Verwandlung**
geschieht nur durch **Handlung**.

Es ist meine eigene Sicht auf die **Dinge**, die
ich hier zu Papier **bringe**.

Stolz bin ich, wenn ich dies alles lese **hier**
und ich hoffe sehnlichst, es gefällt auch **dir**.

Ich möchte für eine heile Welt senden Liebe
und **Licht**, es hat für mich so viel **Gewicht**.

Und ist auch bei mir mal die „**Dunkelheit**",
bitte ich um lichtvolle Hilfe, bin zum Wandel
allzeit **bereit**.

Vieles liegt nicht in meiner **Macht**, aber wie
ich denke und handle, hängt allein von mir
ab.

Neuanfänge sind für mich ein großer **Gewinn**,
komme nur so zu meinem Ziele **hin**.

Ich allein trage die Verantwortung für mein
Lebensglück und meine **Taten** und natürlich
darf auch ich oft in Geduld **warten**.

Lerne auch du dich im Wandel kennen, lass
deine eigene Vision **erwachen** – dann kannst
du dir selbst die größte Freude **machen**.

Neuanfänge lassen uns wachsen auf Erden,
dafür sind wir alle **da** und Neuanfänge
können „bunt" sein und **wunderbar**.

Es gilt jetzt in der Veränderungszeit, die
Zusammenhänge von allem zu **verstehen** und
nicht nur zu **sehen**.

So kannst auch du für eine heile Welt deinen
Neuanfang wagen, wie er dir **gefällt** und
damit veränderst du wieder etwas zum Guten
auf dieser **Welt**.

Genießen wir dankbar, was uns das Leben auf Mutter Erde **beschert**, denn es so doch nie **wiederkehrt**.

Dieses Buch zeigt uns die Verbundenheit mit jedem und **allem** und ich wünsche mir von Herzen, es mag euch **gefallen**.

Klarheit

Immer mehr in dieser Zeit offenbart sie sich **mir** und ich hoffe und wünsche, es geht so auch **dir**.

Klarheit – durch sie komme ich zu meiner **Wahrheit**.

Falsch und richtig gibt es so **nicht**, jeder hat auf alles seine eigene **Sicht**.

Um klar zu sehen, ändere ich auch mal die **Blickrichtung**, bekomme so wieder eine neue **Sichtung**.

Klarheit bedeutet auch, Zeit zu **haben** und viele Dinge wissentlich zu **hinterfragen**.

Von dem, was man uns sagt, ist aus meiner Sicht nicht alles **wahr** und deshalb für mich schon gar nicht **klar**.

Versuche es dann so gut es geht zu
versteh´n um meine Wahrheit zu finden und
meinen Weg zu **geh´n**.

Wie wir in Klarheit unser eigenes Leben
seh´n, hat Bedeutung wie wir mit unserer
Welt **umgeh´n**.

Selbstachtung, meine Werte kennen und nach ihnen **leben**, auch das ist jetzt klar für mich und ich werde danach **streben**.

Ich möchte in Frieden leben und sehen können im **Licht**, denn da bekomme ich eine klare **Sicht**.

Denn für sich selbst klar zu sein ist **wichtig**, trifft man doch Entscheidungen fürs eigene Leben und die in dem Moment dann **richtig**.

Finde auch du deinen Weg in **Klarheit** und
bilde deine eigene **Herzenswahrheit**.

Klar zu sein in seinem Fühlen und **Denken**
kann vieles wandeln und in gute Bahnen
lenken.

Authentisch sein, auch das ist für mich
Klarheit und manchmal tut sie auch weh, die
Wahrheit.

Schwimme gegen den Strom, fühle mich
allein, aber das habe ich gelernt, das darf mal
so **sein**.

Denn auch dadurch verändert sich wieder
was und, na klar, habe ich dann keine Freude
und keinen **Spaß**.

Aber durch mein klares **Handeln** darf ich
auch wieder für eine heile Welt etwas mit
wandeln.

Später dann freue ich mich und weiß, es war **gut**, hatte in Klarheit für Veränderung **Mut**.

Bin so immer ein Teil des großen Ganzen, das ist **fein**, verbunden mit allem und niemals **allein**.

Und in diesem Wissen um die **Verbundenheit** bin ich in Klarheit und zum Wandel **bereit**.

Arbeit mit Kindern

Ich darf arbeiten mit Kindern, sie **begleiten**,
um sie auf ihr Leben **vorzubereiten**.

Das ist so schön, ich wollte es genau **so**,
habe den Beruf erlernt, mich weitergebildet
und war **froh**.

Mit all meinen Erfahrungen und meinem **Wissen** möchte ich Kinder begleiten und nichts davon **missen**.

Ich liebe die Arbeit mit den Kindern **sehr**, doch jetzt ist eine Zeit und ich spüre – so geht es nicht **mehr**.

Es geht fast nur noch um Aufbewahrung und **Abfertigung**, keinen Tag mehr finde ich bei meiner Arbeit **Befriedigung**.

Ich arbeite mit Grundschulkindern als **Begleiterin**, sehe meine Arbeit als wertvoll und als **Wegbereiterin**.

Wir arbeiten aber kaum noch mit und am **Kind**, obwohl wir alle beieinander **sind**.

Getrennt fühle ich mich jeden Tag von meiner **Arbeit** und immer mehr gewinne ich **Klarheit**.

Diese offene Hortarbeit mit zu vielen
Kindern, zu wenig Personal und zu wenig
Räumen lässt pädagogisch viel zu wenig zu,
für mich nur noch in **Träumen**.

Kann nicht mehr ich sein, meine Wahrheit
leben und danach möchte ich jetzt wieder
streben.

Kinder brauchen in diesem Alter Begleitung
in allen **Dingen**, auch in ihrer Freizeit können
wir ihnen etwas **beibringen**.

Nur Kinder abholen, abkreuzen und sie nicht
mal richtig **kennen**, weil viel zu viele Kinder,
ich kann sie nicht mal alle **benennen**.

Konflikte lösen, ja das muss und kann ich **auch**, wenn die Arbeit anders wäre, ich es aber gar nicht „**brauch**".

Unsere Aufgabe ist, die Kinder pünktlich loszuschicken und irgendwie nur noch **Aufsicht**, Fehler machen das dürfen wir **nicht**.

Doch uns fehlt sehr oft Personal und das Verständnis **dafür**, geben wir uns trotzdem die größte **Mühe**.

Ich habe nun aufgehört, zu hinterfragen, warum, weshalb, wieso alles so **ist**, finde es nur noch großen **Mist**.

Ja, vieles in unserer Arbeit ist nur zum **Schein**, habe wieder viel gelernt, das sollte so **sein**.

Würde wohl sonst bleiben hier **stehen** und nicht meinen Weg **weitergehen**.

Darauf freue ich mich aber schon jetzt **sehr**,
denn ich kann doch viel, viel **mehr**.

Möchte mein Wissen und meine Zeit mit
vielen Menschen und mit Freude **teilen** und
brauche mich dabei auch nicht **beeilen**.

Die Coronazeit, sie lehrt mich auch, Geduld
zu **haben**, authentisch zu sein und Gutes in
die Welt zu **tragen**.

Mein Herz sagt: „Gib auf dich **acht** und übergib nicht anderen über dich **Macht**."

Ich trage die Vision der Veränderung schon länger in **mir.** Jetzt ist der Zeitpunkt, sie umzusetzen, jetzt und **hier.**

Alles ist da und alles ist **gut**, das macht mir voller Vertrauen **Mut**.

Der Zeitpunkt der Veränderung ist **nah**, fühle mich geführt, alles ist in Gedanken schon **da**.

Bin zum Absprung jetzt **bereit** für eine glückliche, freudvolle **Arbeitszeit**.

Wünsche

Ich liebe mein Leben, wünsche mir Frieden,
Gesundheit, Glück und **Zufriedenheit**,
denn das alles **befreit**.

Befreit von Ängsten, Nöten, **Sorgen**,
brauch mir so wenig Gedanken machen
über **morgen**.

Ich wünsche mir, im „Hier und Jetzt"
zu **leben**, in Fülle und Reichtum auf
allen lichtvollen Ebenen und davon
abzugeben.

Möchte leben, lieben, **lachen** und
mich und andere glücklich **machen**.

Dazu brauche ich Hilfe und die hole ich
mir und ich verrate wie es geht auch
dir.

Wünsche gebe ich ans Universum ab,
es ist so **lichtvoll**, alles was ich möchte,
fühle und wünsche ich, das ist echt **toll**.

Es sind unsere Gedanken und sie haben
energetisch sehr viel **Kraft**, wünschen wir aus
tiefstem Herzen, hilft uns die geistige Welt
und **erschafft**.

Ich wünsche unserer Welt Frieden, er soll uns **begleiten** und das für alle Lebewesen und zu allen **Zeiten**.

Zum Wohle aller sollten die Wünsche meist **sein**, so gebe ich sie ab und mein Herz ist **rein**.

Fülle ist da, immer für **mich**, ich lebe meine Fülle, du auch für **dich**?

Der Glaube ist wichtig und das **Vertrauen**, dann kannst du mehr als nur Luftschlösser **bauen**.

Im kosmischen Wünschen gibt es so viel zu **entdecken**, alles gibt es und es kann Spaß und Freude **wecken**.

Wer wünscht sich dies nicht auf dieser **Welt**, es gibt genug „Dunkelheit", also wünsche ich, was **erhellt**.

Wünsche und stelle mir meine Zukunft **vor**, es ist eine positive Energie und ich so nicht im Negativen **bohr**.

Wünschen kann ich allein, aber auch in Gruppen, mit Kindern oder in **Meditation**, wusstest du das alles **schon**?

Anwenden muss es dann jeder selbst,
das ist **wichtig**, denn auch beim Wünschen
gibt es kein falsch und **richtig**.

Beim Wünschen kann ich alles schaffen und
erreichen, stelle für meine Zukunft so die
Weichen.

Gib auch ab, die Zeichen zu **sehen** oder zu
verstehen, um zu **handeln**, erst dann kann es
sich für dich **wandeln**.

Es geschieht oft ein Wunder, hab Vertrauen
und glaub nur **daran**,
dann auch für dich ein Wunder geschehen
kann.

Wünsche abzugeben an die lichtvolle **Welt**,
die mir sooo viel hilft und mein
und auch dein Leben **erhellt**, kann ich nur
jedem empfehlen **hier**
und ihr werdet erfahren und dankbar sein,
(auch vielleicht **mir**.)

Lichtvilla Buntspecht

Ja, so darf dein Name **sein**, er fiel mir heute beim Laufen **ein**.

Man möchte klopfen, vielleicht auch **hinein**, so kann es in unserer Lichtvilla **sein**.

Die Villa lädt ein zum Forschen, Spielen und **Entdecken**, zur Heilung und um neues Bewusstsein zu **wecken**.

Willkommen sind hier Liebe und **Licht** und wir bekommen, wenn wir wollen, eine positive **Sicht**.

Der Specht steht für emotionale **Entfaltung**, hier dürfen wir leben – aktive **Gestaltung**.

Bunte Angebote wird es **geben**, alles steht unter göttlichem **Segen**.

Wir leben hier mit und in der **Natur**, sie zeigt uns alles, glaubt es **nur**.

Das Wir ist stark, das Ich aber **auch**, das ist es, was ein jeder im Leben „**brauch**".

Geben und Nehmen – beides ist **richtig**, im Einklang soll´s sein, das ist **wichtig**.

Leben wir unsere eigene Kreativität, unser **Sein**, dann strahlt die Villa im **Sonnenschein**.

Die Villa als Saat(gut) darf jetzt wachsen und **sprießen**, dann können viele Menschen sie **genießen.**

Vogelgezwitscher

Gehe ich in den Wald oder in den **Garten,**
sehe und höre ich viele verschiedene
Vogelarten.

Gehe ich hinein, höre ich sie **singen**, welche Botschaft sie wohl **bringen**?

Höre laute und leise **Töne**, die erinnern mich an all das **Schöne**.

Unterscheiden, nein, das kann ich alle Töne **nicht**, sie spiegeln mir aber eine positive **Sicht**.

Es ist oft ein Konzert und jeder ist **gut**, das macht mir für mein Erdenleben **Mut**.

Ein jeder ist wichtig im **Leben** und hat auch viel Wundervolles zu **geben**.

Die Vögel rufen uns auf, zu singen und zu **lachen** und unser Dasein leichter zu **machen**.

Findest du Federn, kannst du dann **seh´n**, welche Engelbotschaft dafür **steh´n**?

Sie können dir geben Energie und **Kraft** und du kommst so wieder in deinen **Lebenssaft**.

Auch geben die Vögel dir **Inspiration** oder brauchst du sie nicht, weißt du alles **schon**?

Kann all meinen Wünschen Flügel **verleih´n** und sie abgeben ins Licht für eine heile Welt, das soll genau so **sein**.

Vogelgesänge sind wirklich **toll**, ich liebe sie, denn sie sind **wundervoll**.

Ich bleibe einfach steh´n und höre ihnen **zu**,
so komme ich in mir zu **Ruh**.

Du kannst Vögel beobachten bei **allem**, öffne
dein Herz und es wird dir **gefallen**.

Achtsam sein in der **Natur**, ja, das rate ich dir
zu gerne **nur**.

Es ist wichtig, alle Tiere, auch die Vögel zu achten und zu **ehren**, dann werden sie hier immer wieder **einkehren**.

Ich danke euch von Herzen, liebe **Vogelwelt**,
weil ihr Mutter Erde mit eurem Dasein liebe–
und lichtvoll **erhellt**.

Mein Weg

Ich gehe einen vom Regen ausgewaschenen
Pfad entlang im **Wald**, mir kommt ein Bild
und es heißt „**Halt!**".

Ist es mein Weg, den ich gehe **hier** oder
würde ihn auch jemand anderes gehen mit
mir?

Ich gehe ihn und sehe, er ist nicht **gerade**,
finde es aber auch gar nicht **schade**.

Langweilig wäre es, ihn gerade zu **gehen**
ohne die Hindernisse, Abzweigungen und
Kurven zu **sehen**.

Auch Höhen und Tiefen, sie sind **da** und na
klar schrei ich jetzt nicht „**Hurra**".

Genauso ist es doch in meinem **Leben**, auch
mein Weg ist nicht **eben**.

Auch meine Seele will wachsen auf dem Weg
im **Leben**, so ist das **eben**.

Dafür brauche ich Aufgaben und **Ziele**, bei
einigen sind es weniger, bei mir sind es **viele**.

Der Weg ist das Ziel – so ist es nun **mal**, aber
ich habe jedes Mal die **Wahl**.

Das zeigt mir hier auch dieser **Pfad**, denn ich
kann auf dem Weg säen die **Saat**.

Mit meinen Gedanken und göttlicher **Macht**
gebe ich jetzt auf meinem Weg gut **acht**.

Entscheiden darf ich ganz allein, das ist **richtig**, gehe ich links oder rechts rum, was ist für mich **wichtig**?

Vorwärts soll es bei mir gehen, selten **zurück**, aber auch das ist schon geschehen und war dann ein **Glück**.

Hatte Geduld und konnte **warten**, bis ich sah in gute **Karten**.

Dann gehe ich auf meinem Weg weiter voller Freude und **Elan**, habe auch immer wieder einen **Plan**.

Dieser Weg hier zieht mich magisch **an** und ich weiß, dass ich ihn auch jederzeit verlassen **kann**.

Das würde ich aber niemals **tun**, er ist zu schön und interessant, um jetzt schon zu **ruh´n**.

Mein Weg wird auch bestimmt von meinem **Herzen** und am Ziel strahlen hoffentlich viele **Kerzen**.

Tiefe Dankbarkeit empfinde ich auf meinem **Weg**, habe alles was ich brauche, wenn ich **überleg**.

Manchmal gehe ich auch eine **Achterschleife**, sie verleiht mir viel göttliches Wissen und **Reife**.

Ich glaube, mein Weg ist mir von Gott
gegeben, damit sich meine Seele entwickelt
und ich kann glücklich **leben.**

Du sollst finden deinen eigenen Weg und ihn
voller Freude **gehen**, kannst du ihn vielleicht
schon **sehen**?

Die Acht

Die Acht ist meine **Lieblingszahl**, ja, ich hatte die freie **Wahl**. Bin geboren an einem **achten** – wo meine Schutzengel schon über mich **wachten**.

Erfolg, Reichtum und Fülle, dafür steht die **Acht**, und auch für lichtvolle gesellschaftliche **Macht**.

Es ist meine Geburtstags- und auch **Lebensaufgabenzahl**, was für ein Wunder, auch da hatte ich freie **Wahl**.

Der 8. Juli, immer ein besonderer **Tag**, den ich heute noch gerne **mag**.

Die Acht ist auch die Zahl für Erfüllung,
Gerechtigkeit und **Ausgleich** – regelt alles
zwischen Erden- und **Himmelreich**.

Jesus Christus griechischer Zahlenwert ist die
888, das bedeutet für mich die größte
heilende **Macht**.

Er ist der Mittler zwischen den **Welten**, oben
und unten, wo geistige Gesetze **gelten**.

Die Acht führt mich auf meinem **Wege**, egal
welche Wünsche ich auch **hege**.

Jesus führt mich auf dem Weg der **Acht**, ich
bekomme durch ihn Führung und geistige
Macht.

In guten und auch schwierigen **Zeiten** wird
die Acht mich mein Leben **begleiten**.

Die liegende Acht steht für **Unendlichkeit**, ich kann alles schaffen, bin zu Großem **bereit**.

Auch ist die liegende Acht ein starkes heiliges **Symbol** und wird genutzt zum höchsten **Wohl**.

Gesundheit und Heilung können **gescheh´n** wenn wir mit der Acht achtsam **umgeh´n**.

Gehe ich die Acht in **Kreisen**, denke ich ans **Reisen**.

Das ganze Leben ist eine **Reise**, die Acht zeigt es mir auf ihre **Weise**.

Oft vorwärts, mal rückwärts und auch über **Kreuz**, viele Erfahrungen sammele ich so, mich **freut´s**.

Ich möchte viele Erfahrungen **machen**, viel lernen, nach Weinen kommt **Lachen**.

Ewigkeit, das zeigt die **Acht**, und ich fühle mich durch sie **bewacht**.

Im Inneren fühl ich mich **geborgen**, brauch mir machen keine **Sorgen**.

Ja, es reimt sich – die **Acht**, sie **lacht**.

Ich kann sie in allen Farben **malen** wie auch alle anderen wundervollen **Zahlen**.

Sie ist und bleibt meine **Lieblingszahl**, bestimmt mit mir mein **Schicksal**, ich habe die **Wahl**.

Die Acht begleitet mich mein Leben **lang** und ich sage schon jetzt in Liebe herzlichen **Dank**.

Querdenken

Quer zu denken in der heutigen **Zeit** zeigt
auch, es sind viele Menschen zum Wandel
und für Veränderung **bereit**.

Auch ich bin manchmal ein Querdenker – du
etwa **nicht**? Hast du immer nur der
Allgemeinheit, Anderen **Sicht**?

Quer zu denken im Wandel der Zeit heißt wissentlich zu **hinterfragen**, auch auf mein Herz hören, was möchte es mir **sagen**?

Vieles steht an der Grenze zwischen Schatten und **Licht**, und ist aus dem friedvollen **Gleichgewicht**.

Schau ich mir heute vieles **an**, ich es mit meinem Verstand und Herzen nicht verstehen **kann**.

Über viele verschiedene Medien werden wir sehr einseitig **informiert** und ich weiß, dass es die Psyche eines jeden **manipuliert.**

Glauben vieles **ungesehen** und warten ab – was wird **geschehen**!?

Wacht auf, macht euch selbst ein Bild von beiden Seiten (die es immer gibt) – fangt endlich für euch an, zu **hinterfragen**, mehr möchte ich dazu nicht **sagen.**

Jeden Tag das Gleiche tun – ja, es gibt uns Halt und **Struktur**, aber für so viele Menschen in unserer Gesellschaft auch eine **Fraktur** (Krankheit).

Es kommt zum Bruch im wahrsten Sinne in unserem **Leben**, aber wir können uns selbst **vergeben.**

Nun heißt es, neue Wege gehen und auch mal „quer zu **denken**", dann können wir vieles wieder in heilende Ordnung **lenken.**

Unsere Sichtweise begrenzt uns oft wirklich
sehr, doch es gibt so viele Sichtweisen **mehr**.

Schau doch mal mit einem anderen **Blick**,
vielleicht bringt es dir Gesundheit und
Lebensglück.

Sieh dich selbst von innen an und fühle mal in dich **hinein** – ist es dein Leben, welches so soll **sein**?

Wenn nicht, darf sich nämlich im Unterbewusstsein etwas „**drehen**", damit alte Muster, die uns begrenzen, **vergehen**.

Oft sind wir zu schnell am **Verneinen**, sollten doch aber uns **vereinen**.

Nicht im Kampf gegeneinander liegt unsere **Stärke**, machen wir uns doch lieber gemeinsam ans **Werke**.

Jeder einzelne hat es in der **Hand** und haben wir dies erst einmal für uns selbst **erkannt**, darf ein jeder jetzt **handeln**, um für sich selbst und zum Wohle aller zu **verwandeln**.

Mutter Erde, aber auch der Köper mit Krankheit und vieles mehr sind aus dem **Gleichgewicht** – das alles ruft uns doch auf zu einer neuen, queren **Sicht**.

Auch wenn das Querdenken sich im Außen nicht gleich **realisiert** – habt Geduld und ihr werdet sehen, was **passiert**.

Querdenken und neues Handeln darfst du jetzt **ausprobieren**, sag mir: „Was kannst du **verlieren**?"

Querdenker sind oft ihrer Zeit voraus und nicht immer **beliebt**, es das Verständnis, die Auszeichnungen und Orden für sie oft zu Lebzeiten nicht mehr **gibt**.

Weil man zu spät das Gute erkennt – alles braucht auch hier seine **Zeit** und wir sehen wieder die **Verbundenheit**.

Quer zu denken steht im Zusammenhang vor allem auch mit **Wandel**, und ich allein habe es in der Hand, ob und wie ich **handel**.

Alles darf sein in der **Polaritätenwelt** und ein jeder von uns sollte sich fragen: „Was tue ich selbst im Wandel, damit das Licht unsere Erde **erhellt**?"

Natur und Umwelt

Natur und Umwelt **verstehen**, genau das
möchte ich als Schulfach **sehen**.

Bin Erzieherin mit Leib und **Seele**, schon
lange sehe ich, was uns und unseren Kindern
fehle.

Kindern muss gelehrt werden, die Natur zu
achten und zu respektieren – es wäre so
wichtig, dies Kindern schon früh zu **lehren**,
um ihr Wissen damit zu **mehren**.

Alles, ja, alles steht in Verbindung, im **Zusammenhang**, die Natur zeigt es uns immer wieder und schon sehr **lang.**

Die Zusammenhänge von Natur und allem kennen die meisten **nicht**, dadurch bringen wir vieles ins **Ungleichgewicht.**

Ohne Wasser z.B. kann niemand **leben** und
sich auch über alle anderen Elemente nicht
erheben.

Wir aber verschwenden und verschmutzen es
und viele schauen nicht **hin**, ich darüber sehr
traurig **bin**.

Auch Luft, Erde und **Feuer**, keines der Elemente ist ein **Ungeheuer**.

Gehen wir gut mit ihnen um und lernen wir, Zusammenhänge zu **verstehen**, kann, wenn wir handeln, es Mutter Erde wieder besser **gehen**.

Es gibt diese angeborene Verbindung mit den Elementen für uns **alle**, bei niemandem ist es anders – in keinem **Falle**.

Denn im Mutterleib, ein jeder es **kennt**, ist Wasser unser erstes **Element**.

Sind wir geboren, atmen wir **Luft**, tun wir es nicht, ist unser Leben schon **verpufft**.

Das Feuer der Liebe und Wärme uns gleich **umgibt**, die Familie das Neugeborene doch so sehr **liebt**.

Und Mutter Erde lässt uns krabbeln und lernen, fest auf ihr zu **steh´n**, damit wir unseren Weg hier zum Wohle aller können **geh´n**.

Zum Wohle aller, ja, dies **zeigt** uns deutlich die **Verbundenheit**.

Wir alle brauchen jedes Element **sehr**, dürfen lernen, sie zu achten, sorgsam mit ihnen umzugehen viel, viel **mehr**.

Demut und Dankbarkeit, ja, das fehlt **auch**,
sollten schon nach dem Erwachen morgens
es machen zum **Brauch.**

Dankbar sein für all das Gute das jeder
erfährt, auf sein Herz hören und nicht alles
glauben von anderen – es wäre so viel **wert**.

Haben wir in unserem Inneren dies **begriffen**,
können wir erst im Außen anwenden dieses
Wissen.

Doch heute geht es zu vielen Menschen um Macht und **Geld**, dieses aber niemals unsere Welt **erhält**.

Unsere Kinder sind die **Generation**, die viel Wissen mitbringen **schon**.

Auch sie haben Wünsche für Umwelt und **Natur**, wir dürfen lernen, ihnen zuzuhören **nur**.

Die Natur, das Klima, alles wird uns jetzt so deutlich **gezeigt** – sind zum Ausgleich jetzt **bereit**.

Wir sollten unsere Kinder gut **vorbereiten** und so gut es geht mit Wissen um die Verbundenheit **anleiten**.

Wir leben doch nur noch im Hamsterrad der **Schnelllebigkeit**, haben für so vieles keine **Zeit**.

Nicht mal für eine positive Verbindung zu uns **selbst**, damit aber alles steht und **fällt**.

Lassen uns lenken, leiten, ja, **manipulieren**, was, wenn wir so weitermachen wird noch **passieren**?

Für uns selbst, unsere Kinder und eine heile Welt darf und muss Veränderung **geschehen**, wir alle dürfen (müssen) auch neue Wege **gehen**.

Gehen wir mit der Natur und der Umwelt liebe- und lichtvoll **um**, ja wir wissen doch **darum** – dann kann Gutes nur **gescheh´n** und wir können es mit Freude **seh´n**.

Familie

Familie, was bedeutet sie im Jetzt und **Hier**,
auch diese Frage stelle ich **mir**.

Man wird geboren in eine Familie **hinein**, ja,
das soll bei jedem so **sein**.

Ein großes Geschenk ist sie für **mich**, schau
mal genau hin, dann ist sie es vielleicht auch
für **dich**.

Wir sind geboren in eine Familie **hinein**, um uns zu entwickeln und auch unser eigenes Leben zu leben, das soll so **sein**.

Die Familien müssen geschützt werden, sie sind die Wurzeln für unser **Leben**, denn vor allem über die Familien wird an die Kinder vieles **weitergegeben**.

Die Kinder von heute sind die Eltern von **morgen**, schau ich mir Familien heute an, mach ich manchmal mir **Sorgen**.

Die „Alten" haben früher Familie anders **gelebt**, heute ihnen vieles **widerstrebt**.

Ein Zurück in diese Zeit gibt es **nicht**, bekommen, wenn wir lernen, uns zu fokussieren auf Familie, wieder eine neue **Sicht**.

Wie wir unsere Kinder erziehen beeinflusst die **Welt**, in der Familie die harmonische Beziehung aber immer öfter **zerfällt**.

Fallen doch Familien viel zu schnell heute **auseinander**, kennen sich kaum noch, verbringen zu wenig Zeit **miteinander**.

Auch hier ist ein Grund wieder die Schnelllebigkeit und das fehlende **Wissen**, viele wollen „Alles", möchten nichts **missen**.

Aber Kinder und wir alle brauchen die Familienzeit **sehr** – Liebe, Geborgenheit, einander helfen und kommunizieren viel, viel **mehr**.

Auch in unserer Familie haben wir nicht auf alles die gleiche **Sicht**, aber darum geht es ja auch **nicht**.

Es gibt doch so viele Ereignisse und Erinnerungen, in denen wir **verweilen** und die wir intensiv nur mit der Familie **teilen**.

Außerdem stärkt sie in Zeiten der Veränderung und des Unheils, das ist so

wichtig und beim gemeinsamen Helfen ist fast alles andere **nichtig**.

Freude wird mit der Familie geteilt, aber auch das **Leid** und das Ganze einen jeden doch **befreit**.

Unsere Ahnen, sie gehören in unser **Familiensystem** und heute noch viele Dinge auch durch sie **gescheh´n**.

Tiefe Dankbarkeit empfinde ich für sie schon **lange**, gibt es doch so viele von ihnen, eine lange **Schlange**.

Ich weiß, sie stehen alle hinter **mir**, ist es vielleicht so auch bei **dir**?

Auch sie alle haben ihr Bestes **getan** für den ganzen **Familienclan**.

Die Familie ist die kleinste Einheit in unserer Gesellschaft **hier**, für mich aber die größte – weil wertvollste, das sag ich **dir**.

Denn ohne sie findet meine Seele keine Erfüllung und kein **Glück**, finde so immer wieder zu meinen Wurzeln **zurück**.

Auch im Familienleben gibt es Polarität, die guten und die weniger guten Zeiten. Was aber auch immer mag **gescheh´n**, wir wollen eine Lösung **seh´n**.

Und wenn man denkt, es geht nichts **mehr,**
muss unbedingt Vergebung **her.**

Sie kann auflösen und so heilsam sein fürs
ganze **Familiensystem,** nützt also allen, was
kann Besseres **gescheh´n?**

So kommt man wieder in Freude, Leichtigkeit
und das eigene **Sein,** kann sich aus alten
Mustern **befrei´n.**

Auch jetzt in der Zeit des **Wandel,** ich
gemeinsam mit meiner Familie **handel.**

Veränderungen stehen ja immer irgendwie
an, aber in dieser Zeit jetzt ich neue Kraft vor
allem aus meiner Familie beziehen **kann.**

Dafür danke ich jedem einzelnen meiner
Familie **sehr,** vieles kann ich in Worte fassen
nicht **mehr.**

Fühle es tief in mir und das ist so **gut,** macht
mir für die Zukunft **Mut.**

Meine Familie ist für mich auch ein **Ort**, von dem ich möchte niemals wieder **fort**.

Ich möchte gesund und glücklich alt werden, erleben noch unzählige **Familienrunden** und ich bin, so Gott will, in Frieden, Dankbarkeit und Liebe bis ans Lebensende (und auch danach) mit ihr **verbunden**.

Einschulung

Lieber Sonnenschein, nun bist du schon 6 Jahre auf dieser **Welt**, hast in unserer Familie das Licht **erhellt**.

Bist nun wirklich nicht mehr **klein**, ja, das soll genau so **sein**.

Du wächst und lernst ein Leben **lang**, auch
schon vor dem **Schulanfang**.

Deine Schultüte und auch dein Weltallranzen
sind so **toll** und mit vielen Dingen **voll**.

Voller guter schöner **Sachen**, die dir
hoffentlich viel Freude **machen**.

Lernst jetzt Lesen, Rechnen, **Schreiben** und
viele Dinge, die für dein Leben **bleiben**.

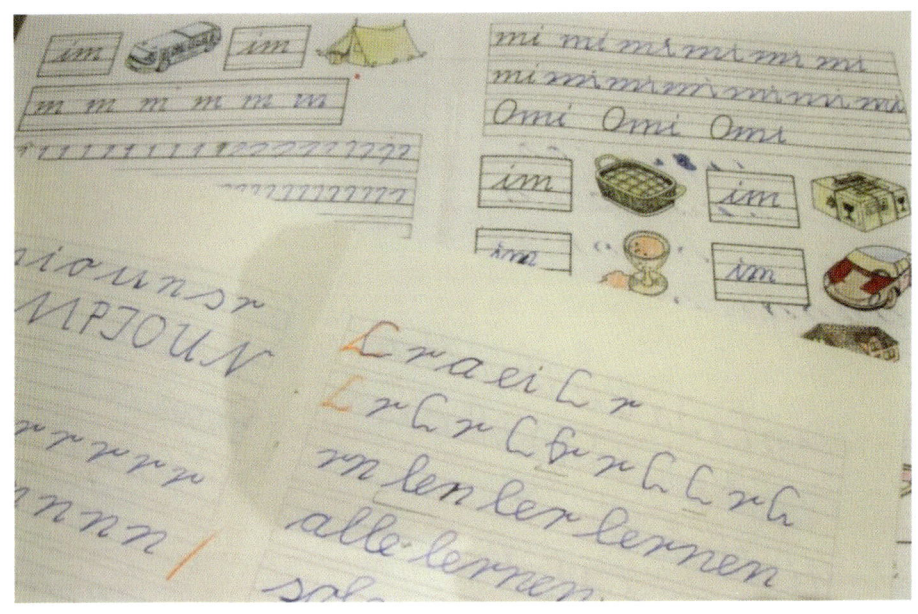

Auch Freunde lernst du kennen in der **Schule**,
frag uns alle, auch Mama, Papa und **Jule**.

Wichtig ist, den Sinn des Lernens zu
verstehen, dann wirst du sicher deinen Weg
gehen.

Ja, Schule kann Spaß machen, manchmal auch **nicht**, da hat jeder so seine eigene **Sicht**.

Wir sind so stolz auf dich, das möchte ich dir **sagen**, fühle dich immer von uns **getragen**.

Alles kannst du niemals wissen, das ist **richtig**, aber du kannst um Hilfe bitten und fragen, das ist so **wichtig**.

Wenn du willst, kannst du alles schaffen und erreichen, stellst mit dem Lernen jetzt die Weichen.

Wir alle wünschen dir eine tolle Schulzeit und viel Glück, denn glaub mir – sie kommt nie zurück.

In Liebe Oma

Zeit

Zeit ist ein Geschenk, haben wir sie doch
nachts und am **Tag**, doch ein jeder sie anders
wahrzunehmen **vermag**.

Viele sagen, sie vergeht in so einer **Schnelligkeit** und wir haben für so viele Dinge keine **Zeit**.

Doch schauen wir genau hin, so wie wir **leben**, müssen wir denn nach so vielem **streben**?

Wir leben in einer Zeit des unglaublichen Überflusses, das wissen **wir** und dass „weniger mehr ist", jetzt und **hier**.

Immer mehr machen in weniger **Zeit**, das funktioniert nicht und dazu sind nicht mehr alle **bereit**.

Kostbar ist Zeit für **jedermann** und deshalb auch jeder selbst entscheiden **kann**.

Wofür nutze ich meine Zeit, was will ich im Leben erreichen und **tun**? Ja, bei jedem ist es anders, aber wir brauchen auch Zeit zum **Ruh´n**.

Müssen auch mal **innehalten**, um unsere Lebenszeit glücklich und harmonisch zu **gestalten**.

Die Zeit der Kindheit prägt unser **Leben**, viele schöne Erinnerungen sollte es **geben**.

Und die Schulzeit, wer kennt sie **nicht**, ist sie hier bei uns doch **Pflicht**.

Sie soll uns vorbereiten auf das Leben, sie ist sehr, sehr **wichtig**, aber auch hier dürfen wir fragen – sind alle Schulfächer so **richtig?**

Praxis- und lebensnahe Fächer fehlen im **Schulsystem**, aber wem soll die Schule dienen, **wem**?

Die Schulzeit, sie kommt nie **zurück**, lernen tun wir aber weiter Stück für **Stück**.

Auch die Zeit der Pubertät gilt es zu **sehen** und mit Liebe zu **verstehen**.

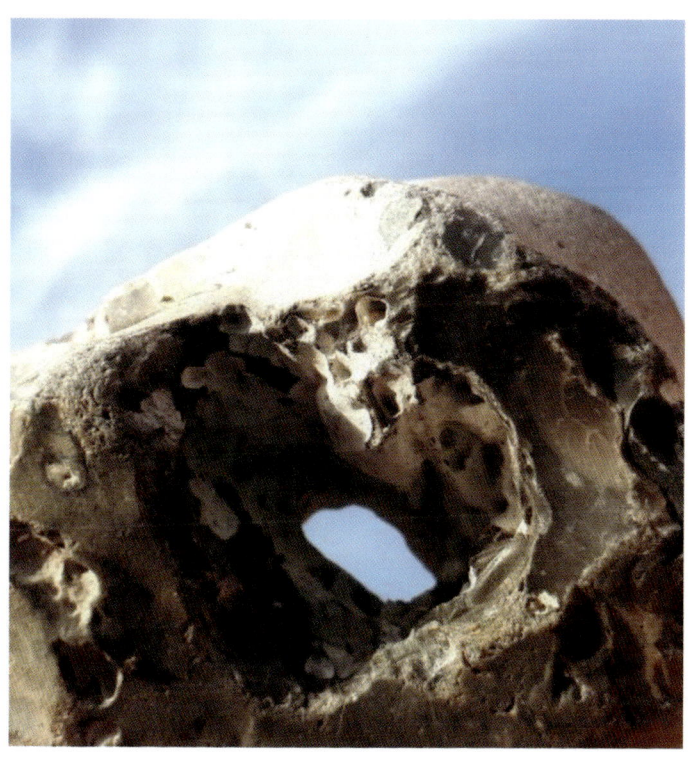

Zeit mit der Familie, Freunden, Arbeitszeit, alles ist **wichtig**, wenn du dann noch Zeit nur mit dir verbringst, machst du es **richtig**.

Diese, deine Zeit ist oft **rar**, aber ein Geschenk und **wunderbar**.

Die Seele will sich entwickeln, wachsen und **reifen**, das müssen wir hier auf der Erde **begreifen**.

Das alles braucht Zeit, Liebe und auch **Mut**, nutzen wir also unsere Zeit **gut**.

Wir befinden uns jetzt auf der Welt in einer
Zeit der **Veränderung** (Corona), überall
passiert es – auch die Natur, das Klima zeigt
es **uns**.

Veränderung bei einem selbst erfordert so viel und vor allem Mut und **Kraft**, bringt uns aber auch immer neuen **Lebenssaft**.

So wertvoll und erkenntnisreich sind die **Veränderungszeiten** und sie werden dich ein Leben lang **begleiten**.

Wann ist der richtige Zeitpunkt? Das ist oft die **Frage**. Immer „Jetzt und Hier", glaub mir was ich **sage**.

Nur so kann Neuanfang und Wandel **sein**, sonst ist alles nur zum **Schein**.

Zukunftspläne dürfen natürlich in einer Zeit
reifen, doch die Umsetzung, das müssen wir
begreifen, ist „Jetzt und Hier", es gibt keine
andere Zeit **dafür**. Nutze sie, bleib nicht
steh´n, wenn sich öffnet die **Tür**.

Denn wir alle wollen unsere Lebenszeit in
Frieden, Liebe und Harmonie **genießen**, tun
wir selbst was dafür, darf sich das Gute in
Fülle über uns **ergießen**.

Kinder begleiten im Hier und Jetzt

Unsere Kinder sind die Zukunft, die Entdecker und Erfinder von morgen – haben wir in sie **Vertrauen** – können wir und sie in eine hoffnungsvolle Zukunft **schauen**.

Ich begleite Kinder in ihrem **Sein**, lade sie in meine Lichtvilla dazu **ein**.

Denn Kinder haben auch wie du und ich Wünsche und **Träume**, dafür brauchen sie ihre **Erfahrungsräume**.

Außerdem brauchen sie vor allem Zuwendung und **Zeit** – geben wir sie ihnen, wer ist dazu **bereit**?

Ich bin es, gestalte gemeinsam mit den **Kindern**, wer oder was sollte mich daran **hindern**?

Auch möchten wir doch immer wieder von Kindern lernen, Neues erfahren und auch **spüren**, so öffnen sich bestimmt immer wieder auch für uns Erwachsene neue geheime **Türen**.

Kinder müssen sich ausprobieren, um ihre eigene Welt zu **erfahren**, wir alle wissen es, denn wir selbst ein Kind mal **waren**.

Dazu brauchen sie das Gefühl, es geht mir **gut**, nur so können Kinder sich frei entfalten, fühlen sich geborgen, entwickeln Selbstvertrauen und **Mut**.

Ja, das braucht ein Kind und wenig Sorgen in der heutigen **Zeit**, das bringt die kindliche **Leichtigkeit**.

Denn wir alle wissen doch – Sorgen aus unseren **Kindertagen** wir mit in unser Erwachsenenleben **tragen**.

Mit Kinderaugen sehen, ja, das können wir **auch**, aber wer von uns macht davon oft **Gebrauch**?

Unser inneres Kind, es freut sich dann **sehr** und will von so manchem noch viel **mehr**.

Eine Welt zum Beispiel, wie sie uns gefällt,
und Faxen **machen** und darüber **lachen**.

Auch brauchen Kinder Erfahrungsräume in der **Natur**, sie sind für die Entwicklung sooo wichtig, glaubt es mir **nur**.

Hier können wir ihnen früh wieder die Verbundenheit mit allem **beibringen** – das sollte uns, wenn wir wollen, doch **gelingen**?!

Ich möchte auch, dass Kinder lernen, was Toleranz, Respekt, Mitgefühl, Geduld und Freundschaft **heißt**, ihr doch sicher auch – ich glaube, es noch nicht ein jedes Kind **weiß**.

Zu viele Verbote für Kinder gehören **abgeschafft**, sie vor allem unsere Kinder, aber auch uns **erschlafft**.

Was brauchen die Kinder heute, können wir sie **versteh´n**? Wir sollten es versuchen und alles mit liebevollen Augen **seh´n**.

Auch brauchen Kinder ihre Auszeiten für
Erholung und Entspannung, bekommen sie
diese **nie** – verlieren sie wie auch wir ihre
wertvolle **Energie**.

Sie sind oft in Hast und **Eile**, haben zu wenig
Langeweile.

Aber gerade diese ist auch für Kinder ein
Gewinn – kommen zu sich selbst dann **hin**.

Alles braucht Zeit, es gibt viel zu **tun**, dürfen
aber darauf achten, dass auch Kinder haben
Zeit zum **Ruh´n**.

Auch bei Bewegungsangeboten und der gesunden Ernährung kann gemeinsam **mit** Kindern so viel Kreatives **entstehen** und wir können es mit der größten Freude **sehen**.

Kinder in ihrer Freizeit zu begleiten, das ist mein großer **Traum**, kreative Angebote schaffen für ihren Erfahrungs- und **Lebensraum**.

Integrieren möchte ich dies nun alles in meine **Arbeitszeit**, bin für den Wandel, für die Kinder, für eine heile Welt und mich selbst **bereit**.

So vieles ist im Umgang mit Kindern noch **unentdeckt** und dieses Wissen zu haben in mir die Freude für meine Arbeit **weckt**.

Ich begleite gerne Kinder, möchte ein Stück mit ihnen auf Augenhöhe **wandern**, und wenn sie dann gehen – immer gern wieder mit **ander`n**.

Kommunikation

Eine gute Kommunikation in Zeiten der Veränderung sehr viel **verspricht**, wir haben doch auf so vieles eine unterschiedliche **Sicht**.

So viele Arten gibt es in der **Kommunikation**, aber das wisst ihr ja alle **schon**.

Sie hat so eine große **Kraft**, man für sich selbst und andere **erschafft**.

Es gibt eine Kommunikation in der Außen-, aber auch **Innenwelt**, sie mir und sicher auch dir nicht immer **gefällt**.

Lernen kann ich sie schon früh als Kind im **Spiel**, ja, Lernen ist wichtig – da gibt es kein **Zuviel**.

Ich konnte nicht immer gut **kommunizieren** und eine Zeit lang auch nicht gut **verlieren**.

Habe mich im Recht gesehen – ich habe es so **gefühlt** und es hat in mir oft so viel **aufgewühlt**.

Bin dann in Kommunikation mit mir selbst **gegangen**, fühlte mich manchmal wie **gefangen**.

Selbstreflexion ist für mich heute ein **Segen**, komme dann zu mir selbst – kann mir und anderen **vergeben**.

Denn Meinungsverschiedenheiten, Ärger und auch Streit sind manchmal ein **Gewinn**, kommen wir doch bei anschließender, guter Kommunikation zu unseren Bedürfnissen **hin**.

Wir sollten alle lernen, unsere eigenen Bedürfnisse zu äußern, das geht nur durch **Kommunikation**, sie hat also eine wirklich wichtige **Funktion**.

Ich selbst bin doch der wichtigste Mensch in meinem **Leben**, danach sollten wir alle **streben**.

Denn wenn es mir selbst nicht gut geht, das birgt doch **Gefahr** – dann kann ich auch für mein Umfeld weniger da sein – ist doch **klar**.

Kommunikation dürfen wir **lernen**, sonst wir uns von uns selbst **entfernen**.

Wichtige Kommunikation ist auch, Gefühle zu zeigen und zu **benennen** – das dürfen wir für uns **erkennen**.

Auch Kindern dürfen wir dies schon früh **beibringen**, dann kann ihnen das Kommunizieren jetzt und später doch viel besser **gelingen**.

Du und ich, wir wissen schon **lange**, vor Kommunikation ist so manchem auch **bange**.

Wir können kommunizieren auf vielen Ebenen, das wissen wir **genau**, machen wir doch davon Gebrauch, das wäre **schlau**.

Sprache, Mimik, Gestik, **Gesang** – alles hat in der Kommunikation auch einen **Klang**.

Auch die Telepathie, Gedanken – es gibt so **viel**, aber nicht immer alles führt uns zum **Ziel**.

Manchmal ist auch nur Zuhören **weise** oder Kommunikation ganz, ganz **leise**.

Kommunikation verbunden mit **Humor** öffnet für so manch einen auch ein wundervolles **Tor**.

Kommuniziere so gut du eben kannst,
vertrau deinem **Gespür** – damit sich auch für
dich öffnet eine wunderbare **Tür**.

Kommunikation ist gut auf welcher Ebene
auch **immer** – gar nicht kommunizieren ist
viel, viel **schlimmer**.

Nicht kommunizieren geht eigentlich nicht
und macht auch keinen **Sinn**, komme so doch
nicht zur Erfüllung meiner Bedürfnisse **hin**.

Kommunikation erfordert Respekt, Achtung,
Vertrauen und manchmal auch eine neue
Sicht, so bringt sie vieles dann aber wieder
in Frieden und ins **Gleichgewicht**.

Sie auf Augenhöhe zu führen, egal wo und
mit wem, ist sehr **wichtig**, auch schon mit
Kindern, das ist **richtig**.

Und wenn sich in der Kommunikation zwei
Herzen **berühren**, kann es doch nur zum
Guten, zum Besten **führen**.

In dieser jetzigen Zeit des Wandels ist die Kraft der Kommunikation **riesengroß** und auch ich möchte sie (mit diesem Buch) nutzen für eine heile Welt zum Wohle aller **bloß**.

Unsere Eiche

Ich sitze hier bei dir und bin **froh**, es ist so schön, dass du da bist, einfach **so**.

Du gibst unserer Seele Kraft und **Mut** und jedes Mal, wenn wir bei dir sind, geht es uns **gut**.

Lieben dich zu allen **Jahreszeiten**, wirst uns so Gott will ein Leben lang **begleiten**.

Bei dir können wir so wie wir sind **sein**, in Ruhe mit unseren Gedanken, auch ganz **allein**.

Aber auch mit der Familie sind wir so gern **hier** und ein Picknick bei dir gefällt nicht nur **mir**.

Deine Wurzeln sind stark und dein Stamm ist es **auch**, das ist es, was ein jeder „**brauch**".

Ohne Wurzeln kein Stamm und kein Blätterkleid im **Licht**, ein jeder weiß es, oder **nicht**?

Energie können wir tanken und einfach bei dir **sein** bei Regen, Wind und **Sonnenschein**.

Du sendest uns Heilung aus der **Natur**, sie ist so machtvoll, glaubt es **nur**.

Kraftvoll, ruhig und auch gelassen siehst du **aus**, hast hier im Erdenleben gefunden dein **Zuhaus**.

Das kann ich sehen, weil du so **strahlst** und
mit deinem Aussehen niemals **prahlst**.

Du stehst für uns für Wachstum und ein langes **Leben**, auch danach wollen wir jetzt **streben**.

Geerdet sein und wachsen ins Licht auf deiner **Reise**, das zeigst du uns und das ist **weise**.

Komme ich zu dir und ich sehe dich in deiner **Pracht** – geht mein Herz weit auf und **lacht**.

Freut sich, dich zu **sehen**, was wird hier wohl heut **geschehen**?

Schutz und Erdung mache ich gern bei **dir**, aber vor allem finde ich Ruhe und Entspannung **hier**.

Sind wir vom Spaziergang zu dir **zurück**, haben wir wirklich großes **Glück**.

Schauen aus dem Fenster **raus** und sehen dich immer noch von unserem **Zuhaus**.

Wir wünschen dir, liebe Eiche, Licht, Liebe und **Glück**, dann fließt es vielleicht auch zu uns **zurück**.

Enkelkinder

Sie kommen in mein Leben **hinein** und bringen mir den allergrößten **Sonnenschein**.

Ja, Sonnenscheine nenne ich **sie** und das wird sich niemals ändern, **nie**.

Sie sollen gehen ihren eigenen Weg hier auf **Erden** und ich darf sie begleiten, dass sie glücklich **werden**.

Sie bringen so viel Freude und **Glück** und ich möchte es ihnen geben **zurück**.

Die gemeinsame Zeit ist rar, wir nutzen sie **gut**, bringen den Kindern Selbstwert bei und **Mut**.

Sie dürfen lernen, zu achten und zu respektieren alles **Leben**, um es auch wieder an ihre Kinder **weiterzugeben**.

Auch ich darf ein bisschen lenken und **begleiten**, um sie auf ihr Leben **vorzubereiten**.

Denn es steckt alles Gute in **ihnen**, auch sie dürfen dem höchsten Wohle **dienen**.

Gesund und glücklich sein im **Leben**, danach wollen auch meine Enkel **streben**.

Es erwacht in mir oft das innere **Kind**, wenn
wir beieinander **sind**.

Dann denke ich auch an meine Kindheit, sie
war **schön** und ich kann in Dankbarkeit viele
Ereignisse **seh´n**.

Ich bin unendlich dankbar für meine Enkel,
für ihr **Sein**, strahlen sie doch für uns wie ein
Sonnenschein.

Alles ist mir von Gott **gegeben**, auch
Enkelkinder – damit ich kann glücklich **leben**.

Heilung

Heilen, das stell ich gleich mal ganz voran
hier, kann sich nur jeder selbst, glaubt es
mir.

Körper, Geist und Seele – wenn nur einem
davon etwas fehle, zeigt es sich **irgendwo**
und ein jeder von uns ist **froh**.

Zu wissen, was kann ich selbst **tun**, denn
Heilung geschieht manchmal, aber meistens
nicht nur durch **Ruh´n**.

Sie kann aber immer **gescheh´n**, wenn wir bereit sind, uns das Thema hinter den Symptomen **anzuseh´n**.

Sie zu bekämpfen mit Medizin allein macht überhaupt keinen Sinn – das sollt ihr **wissen**, denn dann geschieht mehr Unheil und das möchtet ihr doch **missen**?!

Also schaut euch an, was will euch eure Krankheit **sagen** – fangt endlich an, das mal zu **hinterfragen**.

Geht neue Wege, eignet euch Wissen **an**, damit endlich wieder Heilung geschehen **kann**.

Alles ist miteinander **verbunden** – nutzen wir dieses Wissen nicht, drehen wir auch bei der Heilung **Extrarunden**.

Früher gab es im Pflanzenreich für fast jede Krankheit **Heilung**, davon hat aber heute kaum jemand **Peilung**.

Alles ist heilbar, glaubt es **nur** und vergesst dabei niemals die **Natur**.

Viele haben sich von ihr abgewandt und
kennen nicht ihre **Kraft**, geschweige denn
ihren eigenen Körper, über den sie eigentlich
haben **Macht.**

Die Macht unserer Gedanken, sie ist so groß und hat **Gewicht**, viele wissen es nur **nicht**.

Alles darf und kann sein, wir leben in einer Welt der **Polarität**, hoffe, dass ein jeder in seinem Erdenleben es irgendwann für sich **versteht**.

Welche Seite der Medaille will ich **seh´n**, will ich schauen auf Gesundheit oder auf Krankheit – könnt ihr es **versteh´n**?

Denn immer bin ich doch selbst der **Entscheider**, doch ich sehe heute **leider** viel zu viele Menschen hören nicht auf ihr **Herz**, lassen sich manipulieren und das verursacht viel Leid und **Schmerz**.

Ja, Manipulation durch andere und über Medien, sie sind **Realität**, sehen wir diese Coronazeit – genau so **geht´s**.

Alle sollen sich impfen **lassen**, ist man anderer Meinung, gibt es schon Menschen, die einen dafür **hassen**.

Doch unser Körper, unsere Gesundheit, sie gehören jedem doch ganz **allein**, da kann doch die Politik und kein anderer dagegen **sein**?

Ein Jeder sollte bei seiner Sicht **bleiben** und über sich und seinen Körper selbst **entscheiden**.

Ist das Immunsystem intakt und man **gesund**, warum also Medizin oder Impfung, es gibt keinen **Grund**?!

Diese würden doch dafür **sorgen**, dass man auch vielleicht krank ist **morgen**.

Denn Nebenwirkungen gibt es bei jedem **Medikament**, die Wissenschaft weiß sehr viel, aber sie nicht alle **kennt**.

Die Schulmedizin, na klar, sie ist so **wichtig**, aber alles andere abzulehnen, nicht zuzulassen und zu hinterfragen, ist das **richtig**?

PAUSE

Ich gehe erstmal in den Wald laufen und **schon** bekomme ich wieder **Inspiration**.

Muss ja nicht immer gleich alles fertig **schreiben**, lass mich auch hier einfach mal **treiben**.

Wir haben ein krankes **Gesundheitssystem**,
schauen viel zu wenig auf Gesundheit und
können vieles nicht mehr **versteh´n**.

Es geht um Macht und viel, viel **Geld** – dieses
aber nicht unsere Gesundheit **erhält**.

Ich habe erfahren, was Medikamente mit
Körper, Geist und Seele **machen**, ob ihr´s
glaubt oder nicht, es war zum Weinen und
nicht zum **Lachen**.

Habe viel Verständnis für Menschen, die Medikamente nicht **meiden** und Hilfe bekommen für ihr **Leiden**, aber darf ich darüber nicht selbst **entscheiden**?

Denn Heilung geschieht meines Wissens auf anderen Ebenen **hier** und das Wissen kann keiner nehmen **mir**.

Es ist fest in mir verankert und ich danke dafür **sehr** und ich weiß es gibt viele, viele Menschen **mehr**, die auch dieses Denken haben wie **ich** und darüber, glaubt es mir, freue ich **mich**.

Habe gefunden beim Laufen wieder eine Feder vom **Specht** und ich frage mich: „Kommt die Inspiration beim Laufen von ihm? Mir wär´s **recht**."

Hatte in der letzten Zeit so viele „**Spechterlebnisse**" und warte jetzt in Geduld auf lichtvolle **Ergebnisse**.

Der Specht ist für das Sternzeichen Krebs das **Krafttier** (habe es von einer weisen Frau) und ich bin Krebs, glaubt es **mir**.

Solche Erfahrungen sind so **wichtig**, denn wir erkennen die Zusammenhänge und werden **umsichtig**.

Habe gerade mit meinen Augen ein **Problem** und darf jetzt selbst mir das Thema dahinter **anseh´n**.

Mag nicht mehr hinschauen – zu meiner Arbeit und dieser **Coronazeit**, alles darf sich zum Guten ändern, es ist **so weit**.

„Ich sehe mit den Augen der Liebe", das ist meine neue **Affirmation**, wende ich sie täglich mehrmals an, ist es auch Heilung **schon**.

Denn so verändern wir abgespeicherte Gedankenmuster und alte **Glaubenssätze** und wenden wir sie an, sind es wahre **Schätze**.

In unserem Unterbewusstsein wird transformiert und Wunder **geschehen**, können es dann an uns selbst so gut **sehen**.

Ja, es passiert eine Wandlung und wir bekommen eine neue heilende **Sicht**, und wer mit Schmerz und Leid wünscht sich diese **nicht**?

Heilung ist ein Prozess und es gibt so viele **Möglichkeiten** – jeder findet seine, lassen wir uns von unserem Herzen **leiten**.

Geduld ist hier auch ein wichtiges **Wort**, denn schnell soll doch immer die Krankheit **fort**.

Aber unser Selbst im Gleichgewicht zu **halten**, das können wir nur selbst – kein anderer – und wir dürfen unser Leben danach **gestalten**.

Öffnet eure Herzen für alle Möglichkeiten und für **jedermann**, dann auch Heilung für dich geschehen **kann.**

Von der Saat zur Ernte

Etwas Neues ist geboren aus einem **Traum**,
so ist es, ja, man glaubt es **kaum**.

Ein gemeinsames Unternehmen soll es **sein**
und es darf leuchten in hellem **Schein**.

Die Saat beginnt mit diesem **Traum** und es eröffnet sich ein unbegrenzter **Raum**.

Vieles ist schon da – aus dem Gefühl **heraus**, neue Ideen und Freude, alles nimmt seinen **Lauf**.

Beide säen mit der Kraft des Feuers der **Begeisterung**, sind überzeugt von ihrem Wissen, ihrer Gabe, ihrer **Leistung**.

Wissen genau, was sie wollen und haben ein gemeinsames **Ziel** und das ist für den Beginn echt **viel**.

Überzeugend zu vermitteln und erfolgversprechend zu **verkaufen**, da können die Geschäfte nur super **laufen**.

Innere Ruhe, Ausgeglichenheit und harmonisch fließende **Beweglichkeit** – das ist wichtig, auch dafür sind die Gründer **bereit**.

Neue Eingebungen und neue Strömungen
lassen die Saat **sprießen**, und für beide gilt es
sie liebe-und lichtvoll zu **gießen**.

So kann sie wachsen und immer weiter **reifen**
und beide können erfolgreich auf allen
Ebenen die Ernte **greifen**.

Das Ich ist stark, das Wir aber **auch**, das ist
es, was eine gute Firma „**brauch**".

Von der Saat bis zur Ernte gibt es viel zu **tun**,
es ist aber wichtig, zwischendurch gut
auszuruh`n.

Auch der Firmenname ist schon **da**, darf ihn
hier nicht nennen – ist ja **klar**.

Gemeinsam von Anfang an alles **planen**, das kann nur gelenkt sein in gute **Bahnen**.

Es ist schon alles da, glaubt es **mir**, ihr könnt loslegen, jetzt und **hier**.

Ich wünsche euch ganz viel Spaß, Erfolg und **Glück**, wenn ihr dies aussendet, kommt es als Ernte zu euch **zurück**.

Zahlenwissen

Zahlen begleiten unser ganzes **Leben**, wir sollten ihnen also auch Beachtung **geben**.

Uns Wissen anzueignen über Zahlen und wofür sie **stehen**, lässt einen jeden von uns im Leben vieles klarer **sehen**.

Jeden Tag haben wir es mit Zahlen zu **tun**, schon früh am Morgen klingelt der Wecker und lässt uns nicht weiter **ruh´n**.

Die Geburtstagszahlen, Datumszahlen und so viele **mehr**, ja, wir alle brauchen sie in unserem Leben **sehr**.

Mengenlehre, sie wird uns in Mathe **beigebracht** und mit Zahlen sichtbar und verständlich **gemacht**.

Zahlen, ich kann sie schreiben, lesen, singen, malen und **denken** und ich kann sie in meinen Gedanken von Null bis in die Milliarden **lenken**.

Und wer kennt sie nicht beim Geld, die **Zahlenkraft**, hat sie doch in unserer Gesellschaft viel zu viel **Macht**.

Aber Zahlen sind noch viel, viel **mehr** und dieses Wissen zu haben schätze ich **sehr**.

Es gibt Bücher über Zahlen, ihr könnt euch ein Bild davon **machen**, lest sie und dann glaubt ihr oder nicht diese **Zahlensachen**.

Sie sind wirklich verständlich **geschrieben** und das ist auch nicht **übertrieben**.

Alle Zahlen haben eine große Bedeutung und große **Kraft**, man so viel Wertvolles damit **erschafft**.

Aber auch hier brauchen wir wieder Kenntnisse **darum**, sonst bleiben wir im Wissen um die Zahlen ein Stück weit „**dumm**".

Jeder Mensch hat eine Lebensaufgabenzahl, wir sollten sie kennen zu allen **Zeiten**, denn sie wird einen jeden von uns bis ans Lebensende **begleiten**.

In jeder unserer Zahl können wir das Gute **finden** und wenn wir sie lichtvoll leben, kann all das Negative **verschwinden**.

Kennen wir die Zahl anderer Menschen und die dazugehörigen Aufgaben – sehen wir vieles in einem neuen **Licht** und es wäre gut, wenn wir verurteilen **nicht**.

Leben wir unsere Lebensaufgabenzahl nicht in unserem **Leben**, wird es auch weniger Positives **geben**.

Und es wäre doch **fatal**, wenn nicht ein jeder nutzt sein **Potenzial**.

Mit dem Zahlenreich sind wir alle und immer verbunden, leben all die anderen Zahlen aber **auch** und machen in unserem Erdenleben davon **Gebrauch**.

Macht euch, wenn ihr wollt, zum Wandel mit Zahlenwissen schön **reich**, es lässt uns erkennen und kann auch Energie und Freude bringen **zugleich**.

Liebe

Liebe ist so ein lichtvolles **Wort**, sie trägt uns
in Gedanken **fort**.

Fort zu Menschen, Dingen und an **Orte**,
können es manchmal gar nicht fassen in
Worte.

Doch die Liebe zu uns selbst die größte und
allerwichtigste **ist**, du in deinem Leben dies
niemals **vergisst**.

Achte ich auf mich selbst und liebe **mich**,
dann erst kann ich im Außen lieben – auch
dich.

Liebe dich selbst von ganzem **Herzen** mit all deiner Freude aber auch deinen **Schmerzen**.

Ich fühle die Liebe für mein Dasein **sehr** und für meine Familie, Freunde, die Natur und noch vieles, vieles **mehr**.

Auch kann die Liebe alles **heilen** und wir müssen uns dabei gar nicht **beeilen**.

Denn auch sie braucht manchmal Zeit und ist im **Wandel**, aber immer, wenn ich liebevoll denke, spreche und **handel,** sende ich Gutes aus und ich sag´s heute **hier**: „Es ist ein geistiges Gesetz und sie kommt zurück zu **mir**.“

Sende auch du so gut du kannst Liebe in diese, unsere **Welt** und du wirst sehen und spüren, wie sich auch dein Licht **erhellt**.

Die Liebe zwischen zwei Menschen ist etwas ganz Besonderes und auch für mich göttlich **geführt**, meinem geliebten Mann mein allergrößter Dank **gebührt**.

Und was uns ganz besonders **gefällt**, durch unsere Liebe sind zwei Menschen mehr auf dieser **Welt**.

Unsere Kinder sind für uns das größte **Glück**,
durften aber auch in Liebe lernen,
loszulassen, Stück für **Stück**.

Aber unsere Liebe füreinander hört auch hier
niemals **auf** und mit unseren Enkelkindern
und vielem mehr nimmt die Liebe immer
weiter ihren **Lauf**.

Wird Liebe nicht erwidert, tut sie **weh** und
man darf beten, dass ein Wunder **gescheh**.

Sonst wandelt sie sich und das ist nicht **gut**,
aus Liebe wird dann vielleicht sogar **Wut**.

Doch damit schadet man sich am meisten
selbst, weil man die lichtvolle Energie so
nicht **behält**.

Ein jeder wandert auch mal im dunklen **Tal**
und es zeigt sich so manche **Qual**.

Doch erlösen wir unsere Schattenseiten in Liebe und **Licht**, wandelt sich auch wieder unsere **Sicht**.

Dein inneres Kind, auch das darfst und solltest du immer **lieben**, es darf von dir als Erwachsener jetzt alles was es braucht, um glücklich zu sein, **kriegen**.

Schenke Liebe, frag nicht – komm ins **Tun**, denn die Liebe, sie will gar nicht **ruh´n**.

Sie möchte wandern überall hin und im Augenblick **sein** und dies für alle im hellsten **Schein**.

Die Liebe vergeht nie, tief drin in unseren Herzen ist sie **da**, manchmal ist sie eingeschlossen und wir nehmen sie nicht **wahr**.

Öffnet eure Herzen – macht euch **bereit**, sendet Licht und Liebe zu allem und zu jeder **Zeit**.

Dankbarkeit

In Dankbarkeit bin ich tief mit Mutter Erde,
der lichtvollen geistigen Welt, mit meiner
Familie, der Natur und ja Allem **verbunden**,
ziehe aus Vielem die Liebe und Kraft für
meine **Erdenrunden**.

Könnte ohne dies alles nicht **sein** und fühle jetzt sehr oft in die Dankbarkeit **hinein**.

Bin dankbar für so viele Dinge **hier**, kann sie nicht alle aufzählen, glaubt es **mir**.

Dankbar sein schon früh am Morgen und wenn wir ins Bett dann **gehen**, lässt uns all das Gute **sehen**.

Fühle ich in Demut die Dankbarkeit in meinem **Herzen**, verursacht sie manchmal sogar Tränen, aber niemals **Schmerzen**.

Es sind Tränen, ich kann das Gefühl der Dankbarkeit dann nicht **beschreiben**, man fühlt sie einfach und so soll es **bleiben**.

Danke zu sagen ist leicht, eigentlich für **jedermann**, trotzdem es nicht immer ein jeder **kann**.

Alles darf sein und hat seinen **Grund**, vielleicht hat sich das Danke nur noch versteckt im **Mund**.

Dankbarkeit kann man auch zeigen, auch das wäre **gut**, wenn es anders mal nicht geht, habt nur **Mut**.

Dankbar sein kann ich gegenüber **allem**, tut es einfach und es wird euch **gefallen**.

Denn die Energie der Dankbarkeit ist so wertvoll und gut, das sollt ihr **wissen,** und wenn ihr es regelmäßig seid, werdet ihr es wenn ihrs mal nicht tut sogar **vermissen.**

Viele sind z.B. mit ihrem Aussehen nicht **zufrieden**, sollten doch aber ihren Körper voller Dankbarkeit **lieben.**

Ist er es doch, der euch trägt durchs **Leben**, sollten wir ihn also in Dankbarkeit **pflegen.**

Und wenn du keine Dankbarkeit **spürst**, dann solltest du dein Leben anschauen, welches du **führst**.

Immer sein wollen wie andere – macht das **Sinn**? Besser ist es, in Dankbarkeit mich so zu lieben, wie ich **bin**.

Auch ein Danke für Menschen, die einem Schmerz zugefügt haben, kann (meist erst später) **gelingen**, sind sie es doch, die uns zur Einsicht und in Veränderung **bringen**.

Jeder Wandel darf in Dankbarkeit **entstehen**, auch wenn wir am Anfang des Wandels vielleicht noch nicht das gute Ende **sehen**.

Seid also für eine heile Welt auch allzeit in eurem Leben **bereit** für die wundervolle **Dankbarkeit**.

Antrag an eine heile Welt

Zum Abschluss möchte ich euch aufrufen, für eine heile Welt einen Antrag zu **schreiben** – um so in einer licht- und liebevollen Energie zu **bleiben.**

Denn ihr wisst nun, unser Fühlen und unser Denken haben sooo viel **Kraft**, man allein und gemeinsam zum Wohle aller damit **erschafft.**

So können wir uns eine heile Welt in Liebe und Dankbarkeit und ohne Angst **erschaffen**. Wer oder was sollte uns daran hindern, es zu **machen**?

Das könnten wir nur selber **sein**, denn wir sind doch verantwortlich für uns ganz **allein**.

In meinen Gedanken und **Visionen** folgen jetzt schon mir **Millionen**.

Lasst uns erwachen und keine Ängste mehr **übernehmen**, denn sie sind es doch, die uns am meisten **lähmen**.

Schon als Kinder sollten wir unsere Zukunft (Jahrtausendwende) malen, unsere eigene **Sicht**. Und sooo vieles hat sich bewahrheitet, ob Ihr es glaubt oder **nicht**.

Laßt uns eine heile Welt im Antrag **manifestieren**, damit sie sich jetzt zum Wohle aller kann **materialisieren**.

Schreibt diesen Antrag für euch selbst, für alles Leben jetzt und für die kommenden **Generationen** – damit wir in Frieden und Liebe in einer heilen Welt **wohnen**.

Mein Antrag an eine heile Welt

----------   -----------

Datum   Unterschrift

Es ist wunderbar, euren Antrag an

fuer.eine.heile.welt@gmail.com

zu **senden**, dann kann wieder Neues

entstehen und muß hier nicht **enden**.